KB268708

완전 소중한 말씀 NOTE

YEARLY PLAN

(각 달마다 중요한 일정을 기록해 보세요)

1 JAN

2 FEB

3 MAR

4 APR

5 MAY

6 JUN

YEARLY PLAN

(각 달마다 중요한 일정을 기록해 보세요)

7 JUL	8 AUG	9 SEP

10 OCT	11 NOV	12 DEC

복 있는 사람은 악인들의 꾀를
따르지 아니하며 죄인들의 길에
서지 아니하며 오만한 자들의
자리에 앉지 아니하고
(시 1:1)

☑ To do List

☐

☐

☐

☐

Blessed is the man who does not
walk in the counsel of the wicked
or stand in the way of sinners
or sit in the seat of mockers.
(Ps 1:1)

복 있는 사람은 악인들의 꾀를
따르지 아니하며 죄인들의 길에
서지 아니하며 오만한 자들의
자리에 앉지 아니하고
(시 1:1)

그러므로 악인들은 심판을
견디지 못하며 죄인들이
의인들의 모임에
들지 못하리로다
(시 1:5)

☑ To do List

☐

☐

☐

☐

Therefore the wicked will not
stand in the judgment,
nor sinners in the assembly
of the righteous.
(Ps 1:5)

judgment [dʒʌ́dʒmənt] 심판 **assembly** [əsémbli] 집회, 모임

여호와께서 나를 위하여 보상해
주시리이다 여호와여 주의 인자하심이
영원하오니 주의 손으로
지으신 것을 버리지 마옵소서
(시 138:8)

☑ To do List

☐

☐

☐

☐

The LORD will fulfill his purpose
for me; your love, O LORD,
endures forever-do not abandon
the works of your hands.
(Ps 138:8)

여호와께서 나를 위하여 보상해
주시리이다 여호와여 주의 인자하심이
영원하오니 주의 손으로
지으신 것을 버리지 마옵소서

purpose [pɜ:rpəs] 목적, 목표
abandon [əbǽndən] 버리다, 포기하다

의인의 마음은
대답할 말을 깊이 생각하여도
악인의 입은 악을 쏟느니라
(잠 15:28)

☑ To do List

☐

☐

☐

☐

The heart of the righteous weighs
its answers, but the mouth of
the wicked gushes evil.
(Pr 15:28)

의인의 마음은
대답할 말을 깊이 생각하여도
악인의 입은 악을 쏟느니라
(잠 15:28)

weigh [wei] 무게를 달다, 심사숙고하다
gush [gʌʃ] (말, 소리 등이) 세차게 내뿜다

주의 권능의 날에 주의 백성이
거룩한 옷을 입고 즐거이 헌신하니
새벽 이슬 같은
주의 청년들이 주께 나오는도다
(시 110:3)

☑ To do List

☐

☐

☐

☐

Your troops will be willing on your day
of battle. Arrayed in holy majesty,
from the womb of the dawn you will
receive the dew of your youth.
(Ps 110:3)

battle [bǽtl] 전투, 싸움 **receive** [risí:v] 받다, 얻다

여호와여 주의 이름을 아는 자는
주를 의지하오리니 이는 주를 찾는
자들을 버리지 아니하심이니이다
(시 9:10)

☑ To do List

☐
☐
☐
☐

Those who know your name will
trust in you, for you, LORD,
have never for saken those
who week you.
(Ps 9:10)

trust [trʌst] 신임, 신뢰(하다) **forsake** [fərséik] 저버리다

여호와의 말씀은 순결함이여
흙 도가니에 일곱 번
단련한 은 같도다
(시 12:6)

☑ To do List

☐
☐
☐
☐

flawless, like silver refined in
a furnace of clay,
purified seven times.
(Ps 12:6)

여호와의 말씀은 순결함이여
흙 도가니에 일곱 번
단련한 은 같도다
(시 12:6)

flawless [flɔ́ːlis] 흠없는
refine [rifáin] 정제하다, ~을 세련되게 하다

그의 능하신 행동을 찬양하며
그의 지극히 위대하심을 따라
찬양할지어다
(시 150:2)

☑ To do List

- [ ]
- [ ]
- [ ]
- [ ]

Praise him for his acts of power;
praise him for his surpassing
greatness.
(Ps 150:2)

그의 능하신 행동을 찬양하며
그의 지극히 위대하심을 따라
찬양할지어다
(시 150:2)

내가 여호와를 항상 내 앞에
모심이여 그가 나의 오른쪽에
계시므로 내가 흔들리지
아니하리로다
(시 16:8)

☑ To do List

☐

☐

☐

☐

I have set the LORD always
before me. Because he is at
my right hand,
I will not be shaken.
(Ps 16:8)

내가 여호와를 항상 내 앞에
모심이여 그가 나의 오른쪽에
계시므로 내가 흔들리지
아니하리로다
(시 16:8)

set [set] 놓다, 앉히다, 임명하다

set [set] 놓다, 앉히다, 임명하다

오직 나는 주의 풍성한
사랑을 힘입어 주의 집에 들어가
주를 경외함으로 성전을 향하여
예배하리이다
(시 5:7)

☑ To do List

☐

☐

☐

☐

But I, by your great mercy,
will come into your house;
inreverence will I bow down
toward your holy temple.
(Ps 5:7)

mercy [mə́ːrsi] 자비(보통 a mercy), 하나님의 은총
reverence [révərəns] 경외, 존경, 숭배

☑ To do List

☐

☐

☐

☐

To the faithful you show yourself
faithful, to the blameless you
show yourself blameless.
(Ps 18:25)

faithful [féiθfəl] 충실한, 신의 있는
blameless [bléimlis] 비난할 점이 없는, 죄가 없는

내가 날 때부터 주께 맡긴 바 되었고
모태에서 나올 때부터
주는 나의 하나님이 되셨나이다
(시 22:10)

☑ To do List

☐
☐
☐
☐

From birth I was cast upon you;
from my mother's womb you
have been my God.
(Ps 22:10)

내가 날 때부터 주께 맡긴 바 되었고
모태에서 나올 때부터
주는 나의 하나님이 되셨나이다
(시 22:10)

cast [kæst] 던지다, 맡기다   **womb [wu:m]** 자궁(uterus)

문들아 너희 머리를 들지어다
영원한 문들아 들릴지어다
영광의 왕이 들어가시리로다
(시 24:7)

☑ To do List

☐

☐

☐

☐

Lift up your heads, O you gates;
be lifted up, you ancient doors,
that the King of
glory may come in.
(Ps 24:7)

문들아 너희 머리를 들지어다
영원한 문들아 들릴지어다
영광의 왕이 들어가시리로다
(시 24:7)

ancient [éinʃənt] 고대의, 오래된, 옛날의

☑ To do List

☐

☐

☐

☐

How long will you lie there, you
sluggard? When will you get up
from your sleep?
(Pr 6:9)

sluggard [slʌgərd] 게으름뱅이
consider [kənsídər] 고려하다, 주의하여 보다

대저 여호와께서 그 사랑하시는
자를 징계하시기를 마치 아비가
그 기뻐하는 아들을
징계함 같이 하시느니라
(잠 3:12)

☑ To do List

☐

☐

☐

☐

Because the LORD disciplines
those he loves, as a father
the son he delights in.
(Pr 3:12)

delight [diláit] 기쁨

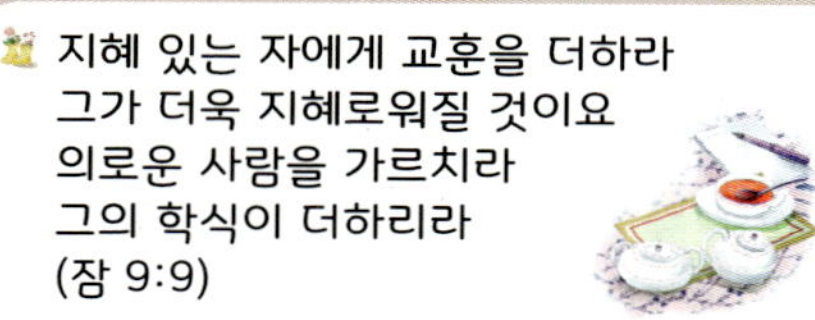

지혜 있는 자에게 교훈을 더하라
그가 더욱 지혜로워질 것이요
의로운 사람을 가르치라
그의 학식이 더하리라
(잠 9:9)

☑ To do List

☐

☐

☐

☐

Instruct a wise man and he will be
wiser still; teach a righteous man
and he will add to his learning.
(Pr 9:9)

지혜 있는 자에게 교훈을 더하라
그가 더욱 지혜로워질 것이요
의로운 사람을 가르치라
그의 학식이 더하리라
(잠 9:9)

instruct [instrʌkt] 가르치다, 지시하다 **add** [æd] 더하다

여호와의 눈은 의인을 향하시고
그의 귀는 그들의 부르짖음에
기울이시는도다
(시 34:15)

☑ To do List

☐

☐

☐

☐

The eyes of the LORD are on
the righteous and his ears are
attentive to their cry.
(Ps 34:15)

attentive [əténtiv] 경청하는, 주의 깊은, 친절한, 세심한

attentive [əténtiv] 경청하는, 주의 깊은, 친절한, 세심한

주의 빛과 주의 진리를 보내시어
나를 인도하시고
주의 거룩한 산과 주께서 계시는
곳에 이르게 하소서
(시 43:3)

☑ To do List

- [ ]
- [ ]
- [ ]
- [ ]

Send forth your light and your
truth, let them guide me; let them
bring me to your holy mountain,
to the place where you dwell.
(Ps 43:3)

send forth 내다(발하다), 방출하다
guide [gaɪd] 안내하다, 인도하다   **dwell** [dwel] 살다

지혜로운 자는 지식을
간직하거니와 미련한 자의
입은 멸망에 가까우니라
(잠 10:14)

☑ To do List

☐

☐

☐

☐

Wise men store up knowledge,
but the mouth of
a fool invites ruin.
(Pr 10:14)

store up 비축하다, 저장하다 ruin [rú:in] 파멸(시키다), 몰락

store up 비축하다, 저장하다 **ruin [rú:in]** 파멸(시키다), 몰락

나의 반석이시요
나의 구속자이신 여호와여
내 입의 말과 마음의 묵상이
주님 앞에 열납되기를 원하나이다
(시 19:14)

☑ To do List

☐

☐

☐

☐

May the words of my mouth
and the meditation of my heart
be pleasing in your sight, O LORD,
my Rock and my Redeemer.
(Ps 19:14)

나의 반석이시요
나의 구속자이신 여호와여
내 입의 말과 마음의 묵상이
주님 앞에 열납되기를 원하나이다

meditation [mèdətéiʃən] 묵상
redeemer [ridí:mər] 구세주, 예수 그리스도

미련한 자는
행악으로 낙을 삼는 것 같이
명철한 자는 지혜로 낙을 삼느니라
(잠 10:23)

☑ **To do List**

☐

☐

☐

☐

A fool finds pleasure in evil conduct,
but a man of understanding
delights in wisdom.
(Pr 10:23)

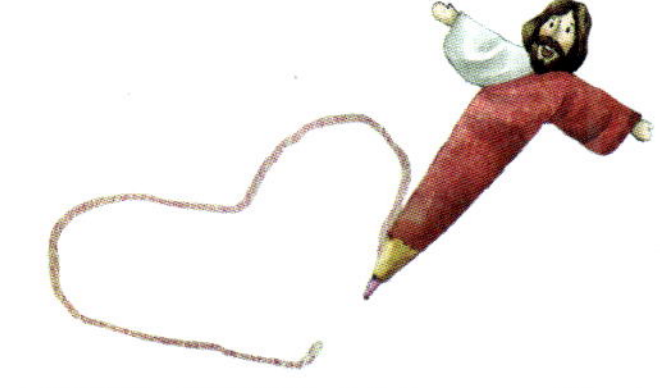

conduct [kándʌkt] 행위, 행동(하다) **delight** [diláit] 기쁨, 낙

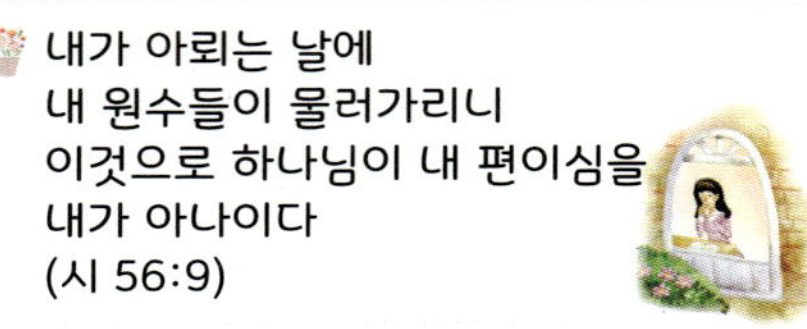

내가 아뢰는 날에
내 원수들이 물러가리니
이것으로 하나님이 내 편이심을
내가 아나이다
(시 56:9)

☑ To do List

☐

☐

☐

☐

Then my enemies will turn back
when I call for help.
By this I will know that
God is for me.
(Ps 56:9)

내가 아뢰는 날에
내 원수들이 물러가리니
이것으로 하나님이 내 편이심을
내가 아나이다
(시 56:9)

enemy [enəmi] 적, 장애물

정직한 자의 성실은
자기를 인도하거니와
사악한 자의 패역은
자기를 망하게 하느니라
(잠 11:3)

☑ To do List

The integrity of the upright guides
them, but the unfaithful are
destroyed by their duplicity.
(Pr 11:3)

integrity [intégrəti] 고결, 완전 unfaithful [ʌnféiθfl] 성실하지 않은
duplicity [djuːplísəti] 불성실, 이중성

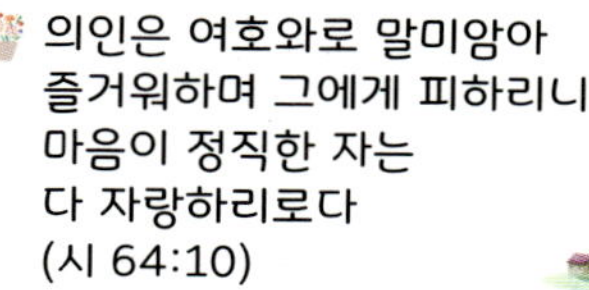

의인은 여호와로 말미암아
즐거워하며 그에게 피하리니
마음이 정직한 자는
다 자랑하리로다
(시 64:10)

☑ To do List

☐

☐

☐

☐

Let the righteous rejoice in the
LORD and take refuge in him;
let all the upright
in heart praise him!
(Ps 64:10)

의인은 여호와로 말미암아
즐거워하며 그에게 피하리니
마음이 정직한 자는
다 자랑하리로다
(시 64:10)

rejoice [ridʒɔ́is] 기뻐하다   **refuge** [réfjuːdʒ] 피난처, 대피

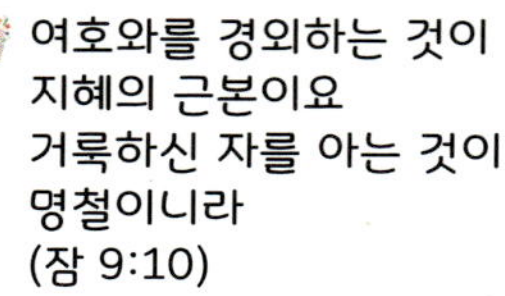

여호와를 경외하는 것이
지혜의 근본이요
거룩하신 자를 아는 것이
명철이니라
(잠 9:10)

☑ To do List

- [ ]
- [ ]
- [ ]
- [ ]

The fear of the LORD is the
beginning of wisdom,
and knowledge of the
Holy One is understanding.
(Pr 9:10)

wisdom [wízdəm] 지혜
understanding [ʌndərstǽndiŋ] 이해, 지식

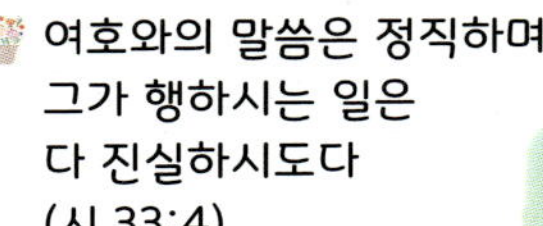 여호와의 말씀은 정직하며
그가 행하시는 일은
다 진실하시도다
(시 33:4)

☑ To do List

☐

☐

☐

☐

For the word of the LORD is right
and true; he is faithful
in all he does.
(Ps 33:4)

여호와의 말씀은 정직하며
그가 행하시는 일은
다 진실하시도다
(시 33:4)

faithful [feιθfl] 충실한, 신앙인들

☑ To do List

☐

☐

☐

☐

Hear me, O God, as I voice my
complaint; protect my life from
the threat of the enemy.
(Ps 64:1)

하나님이여 내가 근심하는 소리를
들으시고 원수의 두려움에서
나의 생명을 보존하소서
(시 64:1)

complaint [kəmpleɪnt] 불평 **protect** [prətekt] 보호하다, 지키다

마음이 굽은 자는
여호와께 미움을 받아도
행위가 온전한 자는
그의 기뻐하심을 받느니라
(잠 11:20)

☑ To do List

☐

☐

☐

☐

The LORD detests men of perverse
heart but he delights in those
whose ways are blameless.
(Pr 11:20)

마음이 굽은 자는
여호와께 미움을 받아도
행위가 온전한 자는
그의 기뻐하심을 받느니라
(잠 11:20)

detest [ditést] 몹시 미워하다
perverse [pərvə́:rs] 괴팍한, 잘못된

게으른 자는 그 잡을 것도
사냥하지 아니하나니
사람의 부귀는
부지런한 것이니라
(잠 12:27)

☑ To do List

- [ ]
- [ ]
- [ ]
- [ ]

The lazy man does not roast his
game, but the diligent man
prizes his possessions.
(Pr 12:27)

게으른 자는 그 잡을 것도
사냥하지 아니하나니
사람의 부귀는
부지런한 것이니라
(잠 12:27)

roast [roust] 굽다　**possession** [pəzéʃən] 소유, 재산, 부

입을 지키는 자는
자기의 생명을 보전하나
입술을 크게 벌리는 자에게는
멸망이 오느니라
(잠 13:3)

☑ To do List

He who guards his lips guards
his life, but he who speaks
rashly will come to ruin.
(Pr 13:3)

guard [gɑ:rd] 지키다　**rashly [rǽʃli]** 무모하게도, 경솔히

☑ To do List

☐

☐

☐

☐

Save me, O God, for the waters
have come up to my neck.
(Ps 69:1)

save [seiv] (죽음·손상·손실 등에서)구하다, (돈을)모으다

말씀을 멸시하는 자는
자기에게 패망을 이루고
계명을 두려워하는 자는
상을 받느니라
(잠 13:13)

☑ To do List

☐

☐

☐

☐

He who scorns instruction will
pay for it, but he who respects
a command is rewarded.
(Pr 13:13)

💙 날마다 우리 짐을 지시는 주
곧 우리의 구원이신 하나님을
찬송할지로다 (셀라)
(시 68:19)

☑ To do List

- [ ]
- [ ]
- [ ]
- [ ]

Praise be to the Lord, to God
our Savior, who daily bears
our burdens. (Selah)
(Ps 68:19)

💙 날마다 우리 짐을 지시는 주
곧 우리의 구원이신 하나님을
찬송할지로다 (셀라)
(시 68:19)

bear [bɛər] (비용·책임 등을)지다, 견디다

bear [bɛər] (비용·책임 등을)지다, 견디다
burden [bə́:rdn] 짐, 부담

☑ To do List

He who despises his neighbor
sins, but blessed is he
who is kind to the needy.
(Pr 14:21)

이웃을 업신여기는 자는 죄를
범하는 자요 빈곤한 자를 불쌍히
여기는 자는 복이 있는 자니라
(잠 14:21)

despise [dispáiz] 경멸하다, 얕보다 sin [sin] 죄, 죄를 짓다

despise [**dispáiz**] 경멸하다, 얕보다 **sin** [**sin**] 죄, 죄를 짓다

💙 거만한 자를 책망하지 말라
그가 너를 미워할까 두려우니라
지혜 있는 자를 책망하라
그가 너를 사랑하리라
(잠 9:8)

☑ To do List

☐

☐

☐

☐

Do not rebuke a mocker or he
will hate you; rebuke a wise
man and he will love you.
(Pr 9:8)

rebuke [ribjúːk] 비난하다
mocker [mákər] 조롱하는 사람, 거만한 자

내가 측량할 수 없는 주의
공의와 구원을 내 입으로
종일 전하리이다
(시 71:15)

☑ To do List

☐

☐

☐

☐

My mouth will tell of your
righteousness, of your salvation
all day long, though I know
not its measure.
(Ps 71:15)

salvation [sælvéiʃən] 구원   **measure** [meʒə(r)] 측정하다

홀로 기이한 일들을 행하시는
여호와 하나님
곧 이스라엘의 하나님을 찬송하며
(시 72:18)

☑ To do List

☐

☐

☐

☐

Praise be to the LORD God,
the God of Israel, who alone
does marvelous deeds.
(Ps 72:18)

홀로 기이한 일들을 행하시는
여호와 하나님
곧 이스라엘의 하나님을 찬송하며
(시 72:18)

marvelous [mάːrvələs] 놀라운, 기묘한 **deed** [diːd] 행위, 업적

주께서는 경외 받을 이시니
주께서 한 번 노하실 때에
누가 주의 목전에 서리이까
(시 76:7)

☑ To do List

☐

☐

☐

☐

You alone are to be feared.
Who can stand before you
when you are angry?
(Ps 76:7)

fear [fiər] 신에 대한 두려움, 경외

하늘에서는
주 외에 누가 내게 있으리요
땅에서는
주 밖에 내가 사모할 이 없나이다
(시 73:25)

☑ To do List

☐

☐

☐

☐

Whom have I in heaven but you?
And earth has nothing
I desire besides you.
(Ps 73:25)

하늘에서는
주 외에 누가 내게 있으리요
땅에서는
주 밖에 내가 사모할 이 없나이다
(시 73:25)

desire [dizáiər] 몹시 바라다
besides [bisáidz] ~말고는, ~을 제외하고

채소를 먹으며 서로 사랑하는 것이
살진 소를 먹으며 서로 미워하는
것보다 나으니라
(잠 15:17)

☑ To do List

☐

☐

☐

☐

Better a meal of vegetables
where there is love than
a fattened calf with hatred.
(Pr 15:17)

fatten [fǽtn] 살찌우다   **calf [kæf]** 송아지
hatred [héitrid] 미움, 증오

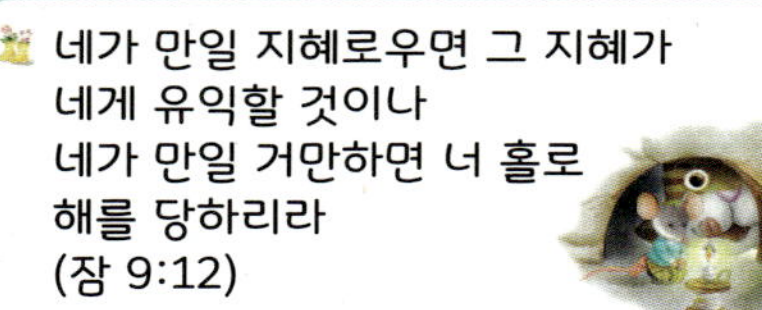 네가 만일 지혜로우면 그 지혜가
네게 유익할 것이나
네가 만일 거만하면 너 홀로
해를 당하리라
(잠 9:12)

☑ To do List

☐

☐

☐

☐

If you are wise, your wisdom will
reward you; if you are a mocker,
you alone will suffer.
(Pr 9:12)

네가 만일 지혜로우면 그 지혜가
네게 유익할 것이나
네가 만일 거만하면 너 홀로
해를 당하리라
(잠 9:12)

reward [riwɔ́:rd] 가치가 있다
suffer [sʌ́fər] 고생하다(고생), 고통을 겪다

하나님이여
일어나사 세상을 심판하소서
모든 나라가 주의 소유이기
때문이니이다
(시 82:8)

☑ To do List

☐

☐

☐

☐

Rise up, O God, judge the earth,
for all the nations are your
inheritance.
(Ps 82:8)

하나님이여
일어나사 세상을 심판하소서
모든 나라가 주의 소유이기
때문이니이다

judge [dʒʌdʒ] 판단하다, 심사하다
inheritance [inhérətəns] 상속, 소유

사람의 행위가 자기 보기에는
모두 깨끗하여도 여호와는
심령을 감찰하시느니라
(잠 16:2)

☑ To do List

- [ ]
- [ ]
- [ ]
- [ ]

All a man's ways seem innocent
to him, but motives are
weighed by the LORD.
(Pr 16:2)

motive [móutiv] 동기, 심령   weigh [wei] 무게를 재다, 평가하다

innocent [ínəsənt] 때묻지 않은
motive [móutiv] 동기, 심령   weigh [wei] 무게를 재다, 평가하다

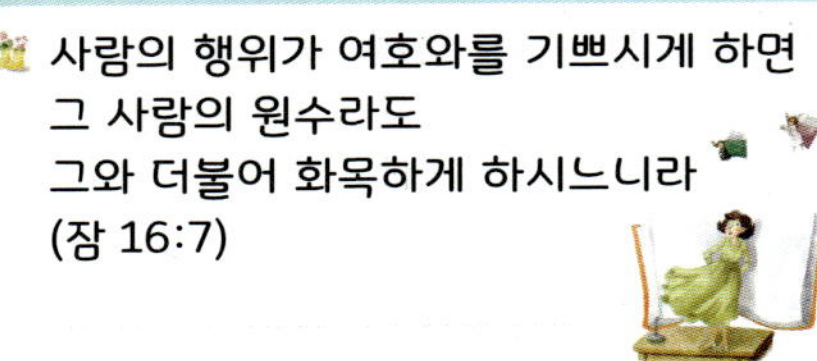

사람의 행위가 여호와를 기쁘시게 하면
그 사람의 원수라도
그와 더불어 화목하게 하시느니라
(잠 16:7)

☑ To do List

☐

☐

☐

☐

When a man's ways are pleasing
to the LORD, he makes even his
enemies live at peace with him.
(Pr 16:7)

사람의 행위가 여호와를 기쁘시게 하면
그 사람의 원수라도
그와 더불어 화목하게 하시느니라
(잠 16:7)

pleasing [plíːziŋ] 좋은, 기쁜, 만족스러운
enemy [énəmi] 적   **peace** [piːs] 평화

여호와여 주의 도를 내게 가르치소서
내가 주의 진리에 행하오리니
일심으로
주의 이름을 경외하게 하소서
(시 86:11)

☑ To do List

☐

☐

☐

☐

Teach me your way, O LORD, and
I will walk in your truth;
give me an undivided heart,
that I may fear your name.
(Ps 86:11)

여호와여 주의 도를 내게 가르치소서
내가 주의 진리에 행하오리니
일심으로
주의 이름을 경외하게 하소서
(시 86:11)

undivided [ʌndɪváɪdɪd] 나눌 수 없는   **fear** [fiər] 경외, 무서움

☑ To do List

- ☐
- ☐
- ☐
- ☐

You who are simple, gain
prudence; you who are foolish,
gain understanding.
(Pr 8:5)

어리석은 자들아
너희는 명철할지니라
미련한 자들아
너희는 마음이 밝을지니라
(잠 8:5)

simple [símpl] 단순한, 어리석은
prudence [prú:dns] 신중, 현명함, 명철

악을 행하는 자는 사악한
입술이 하는 말을 잘 듣고 거짓말을
하는 자는 악한 혀가 하는 말에
귀를 기울이느니라
(잠 17:4)

☑ To do List

☐

☐

☐

☐

A wicked man listens to evil lips;
a liar pays attention to
a malicious tongue.
(Pr 17:4)

pay attention to ~에 주의를 기울이다
malicious [məlíʃəs] 악의 있는

경손한 자와 함께 하여
마음을 낮추는 것이
교만한 자와 함께 하여
탈취물을 나누는 것보다 나으니라
(잠 16:19)

☑ To do List

☐

☐

☐

☐

Better to be lowly in spirit and
among the oppressed than to
share plunder with the proud.
(Pr 16:19)

lowly [lóuli] 낮은   **oppress** [əprés] 억압하다, 학대하다
plunder [plʌndər] 약탈(하다), 강탈품

여호와께서
내게 도움이 되지 아니하셨더면
내 영혼이 벌써 침묵 속에
잠겼으리로다
(시 94:17)

☑ To do List

☐
☐
☐
☐

Unless the LORD had given me help,
I would soon have dwelt
in the silence of death.
(Ps 94:17)

여호와께서
내게 도움이 되지 아니하셨더면
내 영혼이 벌써 침묵 속에
잠겼으리로다
(시 94:17)

silence [sáiləns] 침묵, 묵념, 고요   death [deθ] 죽음, 사망

계명을 지키는 자는
자기의 영혼을 지키거니와
자기의 행실을 삼가지 아니하는
자는 죽으리라
(잠 19:16)

☑ To do List

☐

☐

☐

☐

He who obeys instructions guards
his life, but he who is contemptuous
of his ways will die.
(Pr 19:16)

여호와를 경외하는 것은
사람으로 생명에 이르게 하는 것이라
경외하는 자는 족하게 지내고
재앙을 당하지 아니하느니라
(잠 19:23)

☑ To do List

The fear of the LORD leads
to life: Then one rests
content, ntouched by trouble.
(Pr 19:23)

여호와를 경외하는 것은
사람으로 생명에 이르게 하는 것이라
경외하는 자는 족하게 지내고
재앙을 당하지 아니하느니라

fear [fiər] 경외, 두려움
untouched [ʌntʌtʃt] 영향받지 않은, 손대지 않은
trouble [trʌbl] 문제, 곤란, 어려움

나를 사랑하는 자들이
나의 사랑을 입으며
나를 간절히 찾는 자가
나를 만날 것이니라
(잠 8:17)

☑ To do List

☐

☐

☐

☐

I love those who love me,
and those who seek
me find me.
(Pr 8:17)

seek [si:k] 찾다 **find [faind]** 발견하다

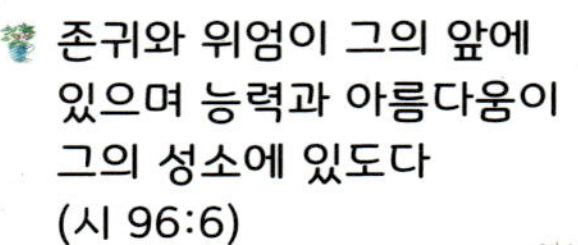

존귀와 위엄이 그의 앞에
있으며 능력과 아름다움이
그의 성소에 있도다
(시 96:6)

☑ To do List

☐

☐

☐

☐

Splendor and majesty are
before him; strength and
glory are in his sanctuary.
(Ps 96:6)

존귀와 위엄이 그의 앞에
있으며 능력과 아름다움이
그의 성소에 있도다
(시 96:6)

majesty [mǽdʒəsti] 폐하, 위엄, 웅장함
sanctuary [sǽŋktʃuèri] 피난처, 성역

사람의 행위가 자기 보기에는
모두 정직하여도 여호와는
마음을 감찰하시느니라
(잠 21:2)

☑ To do List

☐

☐

☐

☐

All a man's ways seem right
to him, but the LORD
weighs the heart.
(Pr 21:2)

사람의 행위가 자기 보기에는
모두 정직하여도 여호와는
마음을 감찰하시느니라
(잠 21:2)

innocent [ínəsənt] 때묻지 않은 motive [móutiv] 동기, 심령

weigh [wei] 무게를 재다, 평가하다

부지런한 자의 경영은 풍부함에
이를 것이나 조급한 자는
궁핍함에 이를 따름이니라
(잠 21:5)

☑ To do List

☐

☐

☐

☐

The plans of the diligent lead to
profit as surely as haste
l eads to poverty.
(Pr 21:5)

부지런한 자의 경영은 풍부함에
이를 것이나 조급한 자는
궁핍함에 이를 따름이니라
(잠 21:5)

diligent [dílədʒənt] 부지런한, 근면한
profit [práfit] 이익, 수익   poverty [pávərti] 가난, 빈곤

여호와의 영광이 영원히 계속할지며
여호와는 자신께서 행하시는 일들로
말미암아 즐거워하시리로다
(시 104:31)

☑ To do List

☐

☐

☐

☐

May the glory of the LORD
endure forever; may the
LORD rejoice in his works.
(Ps 104:31)

여호와의 영광이 영원히 계속할지며
여호와는 자신께서 행하시는 일들로
말미암아 즐거워하시리로다
(시 104:31)

endure [indjúər] 견디다, 지속하다
rejoice [ridʒɔ́is] 기뻐하다, 환호하다

☑ To do List

- ☐
- ☐
- ☐
- ☐

Do you see a man skilled in his
work? He will serve before
kings; he will not
serve before obscure men.
(Pr 22:29)

네가 자기의 일에 능숙한
사람을 보았느냐 이러한 사람은
왕 앞에 설 것이요
천한 자 앞에 서지 아니하리라
(잠 22:29)

skilled [skild] 숙련된, 노련한
obscure [əbskjúər] 무명의, 불명료한, 모호한

그의 거룩한 이름을 자랑하라
여호와를 구하는 자들은
마음이 즐거울지로다
(시 105:3)

☑ To do List

☐

☐

☐

☐

Glory in his holy name; let the
hearts of those who seek
the LORD rejoice.
(Ps 105:3)

그의 거룩한 이름을 자랑하라
여호와를 구하는 자들은
마음이 즐거울지로다
(시 105:3)

glory [glɔ́:ri] 영광   **holy** [hóuli] 신성한, 거룩한
seek [si:k] 찾다, 구하다

자기의 마음을 제어하지 아니하는 자는 성읍이 무너지고 성벽이 없는 것과 같으니라
(잠 25:28)

☑ To do List

☐

☐

☐

☐

Like a city whose walls are broken down is a man who lacks self-control.
(Pr 25:28)

lack [læk] 부족, ～이 없다, (～하기에)모자라다
self-control [self-kəntróul] 자제, 제어

나의 모든 길과 내가 눕는 것을
살펴 보셨으므로
나의 모든 행위를 익히 아시오니
(시 139:3)

☑ To do List

☐

☐

☐

☐

You discern my going out and
my lying down; you are
familiar with all my ways.
(Ps 139:3)

나의 모든 길과 내가 눕는 것을
살펴 보셨으므로
나의 모든 행위를 익히 아시오니
(시 139:3)

discern [dɪs3:rn] 식별하다, 분간하다
familiar [fəmíljər] 익숙한, 친숙한

네 자식을 징계하라 그리하면 그가 너를
평안하게 하겠고 또 네 마음에 기쁨을 주리라 (잠 29:17)

Discipline your son, and he will give you peace; he will bring
delight to your soul. (Pr 29:17)

Your wife will be like a fruitful vine within your house; your
sons will be like olive shoots around your table. (Ps 3:5)

너는 마음을 다하여 여호와를 신뢰하고 네 명철을
의지하지 말라 (잠 3:5)

Your wife will be like a fruitful vine within your house; your
sons will be like olive shoots around your table. (Ps 3:5)

낮의 해가 너를 상하게 하지 아니하며 밤의 달도 너를 해치지 아니하리로다(시 121:6)

The sun will not harm you by day, nor the moon by night. (Ps 121:6)

나는 오직 주의 사랑을 의지하였사오니 나의 마음은 주의
구원을 기뻐하리이다 (시 13:5)
But I trust in your unfailing love; my heart rejoices in your
salvation. (Ps 13:5)

좌로나 우로나 치우치지 말고 네 발을 악에서 떠나게 하라
(잠 4:27)

Do not swerve to the right or the left; keep your foot from
evil. (Pr 4:27)

여호와여 주의 이름을 위하여 나를 살리시고 주의 의로
내 영혼을 환난에서 끌어내소서 (시 143:11)
For your name's sake, O LORD, preserve my life: in your
righteousness, bring me out of trouble. (Ps 143:11)

인자와 진리가 네게서 떠나지
말게 하고 그것을 네 목에 매며
네 마음판에 새기라 (잠 3:3)
Let love and faithfulness never leave you;
bind them around your neck, write them on
the tablet of your heart. (Pr 3:3)

깨끗한 자에게는 주의 깨끗하심을
보이시며 사악한 자에게는 주의
거스르심을 보이시리니 (시 18:26)

To the pure you show yourself pure,
but to the crooked you show yourself
shrewd. (Ps 18:26)

거만한 자를 징계하는 자는
도리어 능욕을 받고
악인을 책망하는 자는
도리어 흠이 잡히느니라 (잠 9:7)

Whoever corrects a mocker invites insult;
whoever rebukes a wicked man incurs
abuse. (Pr 9:7)

울며 씨를 뿌리러 나가는 자는
반드시 기쁨으로 그 곡식 단을
가지고 돌아오리로다 (시 126:6)

He who goes out weeping,
carrying seed to sow, will return with songs
of joy, carrying sheaves with him. (Ps 126:6)

여호와여 나를 버리지 마소서
나의 하나님이여
나를 멀리하지 마소서 (시 38:21)

O LORD, do not forsake me;
be not far from me, O my God. (Ps 38:21)

감사로 하나님께 제사를 드리며
지존하신 이에게 네 서원을 갚으며
(시 50:14)

Sacrifice thank offerings to God,
fulfill your vows to the Most High.
(Ps 50:14)

하나님의 말씀은 다 순전하며
하나님은 그를 의지하는 자의
방패시니라
(잠 30:5)

Every word of God is flawless:
he is a shield to those who take
refuge in him.
(Pr 30:5)

여호아께서는 모든 넘어지는
자들을 붙드시며 지국한 자들을
일으키시는도다
(시 145:14)
----
the LORD uphods all those who
fall and lifts up all who are bowed
down.
(Ps 145:14)

여호아는 내 편이시라
내가 두려워하지 아니하리니
사람이 내게 어찌할까
(시 118:6)

The LORD is with me; I will not be
afraid. What can man do to me?
(Ps 118:6)

사람의 영혼은 여호와의 등불이라
사람의 깊은 속을 살피느니라
(잠 20:27)

The lamp of the LORD searches
out his inmost being.
(Pr 20:27)

내 영혼에게 가까이하사 구원하시며
내 원수로 말미암아 나를 속량하소서
(시 69:18)
- -
Come near and rescue me; redeem me
because of my foes.
(Ps 69:18)

주는 나의 도움이시요 나를 건지시는
이시오니 여호아여 지체하지 마소서
(시 70:5 후반절)

You are my help and my deliverer;
O LORD, do not delay.
(Ps 70:5)

내 아들아 들으라 내 말을 받으라
그리하면 네 생명의 해가 길리라
(잠 4:10)

Listen, my son, accept what I say,
and the years of your life will be
many.
(Pr 4:10)

이름 _name

생년월일 _birthday

휴대폰 _telephone

주소 _address

이메일 _email

Tel. 02)2203-2739   Fax. 02)2203-2738
Email. ccm2you@gmail.com   Homepage. www.ccm2u.com
등록No. 1999년 9월 21일 / 제54호
서울시 송파구 백제고분로 27길 12 (삼전동)

도서출판 신교횃불